我的青春　我的梦

薛利强 著

内蒙古出版集团
远方出版社

薛利强,笔名肖戎,70后,经济学硕士,文学爱好者。曾在《星星诗刊》《草原》《中国税务报》《蓝色高原》等报刊发表诗歌、散文若干。

感受青春感受梦（代序）

张　凯

利强，鄂尔多斯人，与我同乡同行。他学至硕士，从事文秘工作二十年，自诩"捉刀小吏"，但他忙里偷闲，时有诗歌赋见诸报刊。这样以来，常与我谈文论道，其观点很是"别格"，让我欣赏有余。

利强做人、做事、做文章，率真而不乏老练，耿直而不缺灵变，诚实而不奸滑，骨缝中都充溢鄂尔多斯人的那种天然的实在。

今年，他四十岁了，一日他突然拿来一本诗稿，名曰《我的青春　我的梦》，说："这是我近些年所写的诗，你给老弟看看。"我看看这本厚厚的诗稿，再看看这位已是"四十而不惑"的他，甚是疑惑，转而却想起塞湿卡所说的一句话：青春不是人生的一段时期，而是心灵的一种状况。于是，他给诗集命名为《我的青春　我的梦》便走入了我的心中。人的一生如果真的青春易老、梦易散，那么用文字的形式把青春和梦记录下来,不失为智慧之举。利强在《复活》这首诗中写了对青春的留恋和惆怅,我很喜欢这首诗,既能让人读懂,又能让曾经青春过的我们备受感染:

> 每天啊
> 我的头发都在稀疏
> 十年
> 就这么匆匆走过
> 猛然间
> 青春她一去不回头
>
> 小青蛙
> 忧伤或欢乐
> 你都可以躲在小树林里
> 尽情地唱歌
> 而我呢
> 埋葬在幽深的网线沟
> 再也找不回
> 那青涩的电话粥

利强的诗歌中还写了梦,有一首叫《白日梦》,在

网络上的点击率过了千。此诗朦胧中写出了年轻人追梦的不易,感同身受,又不缺乏希望:

你是一个
白日梦
我苦苦追了一个世纪
却只追到了
一个黑夜

利强除了写现代诗,他还尝试写古体诗,尤其是一些诗模仿了唐诗的风格,我觉得也别有一番滋味。同样在这些古诗里能感受到青春和梦。比如《致伊人》和《寻伊人》两首诗,一首是从一位旁观者的角度写出了青年女子的惆怅,一首是写了一位落魄江湖的痴情男子归来的落寞与忧伤,让人读起来回味悠长。

致伊人

伊人卷珠帘,

愁眉锁春闺。

但见春易老,

不见梦相随。

寻伊人

十年一梦笑红尘,
乌衣巷口寻伊人。
莺歌燕舞出府弟,
小栈归来泪蒙蒙。

利强说他花了几年功夫一心研究朦胧诗,作为一个入门者,他真不敢对诗歌有过多的见解。他说,好多朦胧诗人的大作,包括他们在《诗刊》《星星》上发表的一些作品,让他这个有研究生学历且写了二十年材料的人读起来很是费劲。尤其是一些九零后的年轻人,尽管阅历尚浅,但也把朦胧诗玩得游刃有余,获得了大刊物的青睐,令其有"长江后浪推前浪,一代新人超旧人"的感觉!他还说,诗歌越是读不懂,读者却越是新奇、越是觉得水平高。因此,为了迎合潮流,他也苦苦地进行了学习和模仿,写了一些自己认为不够朦胧的朦胧诗,并且有些泄气,说等出完了这个册子,从此再也不碰朦胧诗了。我说你别说"金盆洗手"这样的话。读完利强的朦胧诗,我觉得有一些诗还是够得上精品之作！比如那首《梦的眼睛》，我认为就写得很好：

梦是长了眼睛的

昨晚气象预报说有雷暴雨
于是它像个幽灵
又出现在你窗前
守了整整一夜

你出嫁那年
梦来过
守了一夜，哭了一夜
从此
视力大不如前

利强除了写朦胧诗、古诗，还写了一些较为通俗但却很有"意思"的诗，在网上和朋友当中颇受欢迎，他称之为"利强体"。他征求我的意见看能不能登大雅之堂。我看了他的这些诗，的确是独创。作为诗歌，自古以来就是用来吟唱的，朦胧也罢、通俗也罢，甚至是口水诗也罢,只要是大众喜欢的诗就是好诗,仁者见仁智者见智,雅俗共赏吧!我举一首《千年后的科考》作为例子,摘出其中一小段来说明他的所谓的"利强体"还是很有一点味道的:

> 或许
> 一千年后
> 走来一支科考队
> 他们将祖先的尸骨挖出
> 敲着我的骨头说
> 看看吧
> 农药把我们的前辈戕害得多么严重

当然,利强的诗歌不全是对青春、对梦的惆怅和无奈,还有很多励志之正能量的诗作,在他的诗歌中能够进一步体现。有一首诗叫《祖国啊,如果我注定是一棵小草》,写出了青年人甘愿做小草,为祖国贡献青春和力量。还有一首诗叫《我的名字叫中国》,同样写出了作为中华儿女的自豪和骄傲,读起来荡气回肠:

祖国啊,如果我注定是一棵小草

祖国啊
如果我注定是一棵小草
当战争来临时
我会情不自禁变成长城上的烽火
让团结的心朝这里凝聚
让侵略者看到我们的怒火和决心

我的名字叫中国

可是我啊
绝不会离开
那肥沃的土地
那娇媚的少女
那如诗如画的夜澜风雨
那热血澎湃的铁马冰河

　　每一首诗作,都是作者呕心沥血写出来的,无论质量如何都值得大家去尊重。最后,我想借用大卫·

梭罗在《瓦尔登湖》里的一句话来形容我读了利强作品后的感受："人们都说自己知道很多事,可是啊,他们借助了羽翼,那就是科学和艺术,以及千种别的器物。"

利强同样是借用了诗歌这种极佳的艺术形式,写出了自己的青春和梦,勇敢地踏进了神圣的文学殿堂。在此,衷心祝贺利强越写越好,硕果累累!

2016年8月
于大象堂

目 录

辑1 问道理想

问道理想/5

空镜子/6

吉他年代/7

雨夜,不给寂寞以作品/8

到理想国/11

空　城/12

裸　奔/14

啜　泣/16

秋日私语/17

生命如土豆花/19

游离于秋天/21

那一天我爬上藤蔓/22

窗外的白鸽/24

今晚奖赏你,我的躯壳/26

一盘意大利面/29

四十感怀/31

无　题/32

辑2　白日梦

白日梦/39

童年梦/40

未了梦/41

岁月之刀/42

我看见/43

风雪夜/44

困于牢笼/45

孤　旅/46

现代刀客/48

陌生人/49

九十岁姥姥/51

晚秋之雪/52

一根烟的亮/53

向日葵/54

重　温/56

辑3　勾　引

勾　引/61

腐　烂/62

不　要/63

归　来/64

爱的寒冬/66

情　车/67

秋风拂过荒草/68

鹿儿岛/70

爱的阴谋/72

梦的眼睛/74

夜晚的花/75

辑4　我想躲过你的目光

秋夜有一双美丽的眼睛/81

我想躲过你的目光/83

哀伤于爱情/85

海蛇与石头鱼/86

最后一笑/87

雪国·纪念日/88

燃　烧/90

情　书/92

忘情水/93

辑5　思念的雨季

十月游子吟/99

九月里的日光女神/101

夜归人/103

野　火/105

土默川寻亲/107

思念的雨季/109

思故乡/111

给母亲的信/113

小倩影/115

重阳日/116

在包克图小镇/118

开往德州的火车/120

辑6　萨日朗花

灵魂在草原上栖息过/127

睡吧,趁今夜没有月色/129

萨日朗花/131

六月·呼和浩特(组诗)/132

贺兰山·阿拉善/133

伊兰嘎查/135

妹子,我从草原来/137

我的草原女神/139

山谷里的回忆/142

辑7　银河啊银河

银河啊银河/149

牛郎星与织女星/151

半人半马/152

致宙斯/153

致阿斯特莉亚女神/155

一个有病的诗人/157

生灵的雷同/159

归去来兮/160

唢　呐/163

老志愿军/165

辑8　河的顿悟

河的顿悟/171

笼中之兔/173

冷　风/174

冷　眼/175

冷　箭/176

石　人/177

包　容/178

寻找海子/179

列宾眼中的托尔斯泰/181

无题/182

一个悲伤的悍妇/183

疯孩子/184

生如游戏/186

你好,孤独/187

真　相/190

安　居/191

辑9　敬西风一杯烈酒

敬西风一杯烈酒/197

我是一片云朵/199

祖国啊,如果我注定一棵小草/202

古人的夜晚/205

我的名字叫中国/208

流淌在蓝色高原上的父爱/211

新堂吉诃德/214

隔离墙/218

嬗变:致洪荒少女/219

复　活/221

辑10　大风呵大风

大风呵大风/229

请你从我的梦中走来/231

如果时光可以倒流/233

生命中的最后一击/235

千年后的科考/238

辑11 点 赞

点 赞/245

我和找/246

菩提树下等你/247

亲爱的,我们去旅行/250

失独家庭的母亲节/252

爱上井底蛙/254

野 子/256

找不回来的红袖/259

辑12 古诗的魅力

又七夕/267

致长春游子/268

首都逢子义兄弟/269

致伊人/270

寻伊人/271

致玉帝/272

致杭州游子(一)/273

致杭州游子(二)/274

秋夜感怀/275

中秋·老牛湾/276

汨罗江怀古/277

后　记/279

1 问道理想

寺院、经堂、趋之若鹜的信徒

我千里迢迢而来

问道理想

问道理想

除了理想
只剩下了沉默

四十年
四十列火车呼啸而过
在四十个无名的站台上疾驰
青春啊
却越来越像蠕动的虫

列车扫尽万千尘埃
却独把悲伤留我

寺院、经堂、趋之若鹜的信徒
我千里迢迢而来
问道理想

辑一　　**空镜子**

我对着
空镜子
镜面上是灰色的墙壁
墙壁上落满挣扎的伤痕

镜子完好的时候
我哀伤过自己的青春

吉他年代

辑一

音符
窃窃私语
把一道道皱纹层层剥开
在岁月的脸上流淌
然后入了海

海面上有船驶来
海风送来青涩的白裙子
船上顿时花香四溢
把时光定格在
吉他年代

青春
稚嫩得像流浪的梦
我紧紧抱着它
唯恐稍纵即逝

雨夜，不给寂寞以作品

雨夜
如约而至
每一个白日里狂躁的灵魂
都蜷缩在亲手打造的格子里
娴静，守命

我喜欢这宁静喜欢得要死
如同梭罗喜欢瓦尔登湖
那几百年的沉思
即便是烛光与闪电，踉跄和奔逸
都有交集

蜷缩在自己的格子里，不给寂寞以作品
我想到
古老的枕头上不全是鸡毛蒜皮
还有一些令人幡然悔悟的
梵语

这暴雨,梵语
仿佛要把人世间的污秽统统洗刷
其实我的内心已然空虚
再冲刷
就只剩下一根根游丝
在空荡荡的躯壳里
摇摇欲坠

我想到了大地上
那些蛙儿、蛐儿、秋虫儿
不能如约今晚的聚会盛宴
他们一定很失望,甚至于悲恸欲绝
秋日即将落下帷幕
那是大多数生灵们
最后的狂欢

我还想到了笼中
那些猫儿、狗儿、鸟儿、兔儿
它们一定乞怜地看着主人
好不容易蹦蹦跳跳来到了盛夏
却又要回到

冬的梦魇

其实我不能,也没有资格
盛赞这秋的悲悯,冬的凛冽
还试图唤醒梦游人的灵魂
我也只是这坚硬的窠臼里
被风、被雨
被大自然浸染过的
一粒浮尘

母亲啊
我终于知道了
这暴雨中的寂寞、匮乏,根源不在你
在于我不知餍足的
贪欲

到理想国

理想国忽又隐没
我踩着石头过河

河里的水妖浓妆艳抹
她看到的倒影
战战兢兢,踉踉跄跄
还有一丝迷惘

水面上荡漾着千种诱惑
微透着死亡的寒光
一个趔趄
生命将化作波纹
痛苦地游向远方

理想国忽又隐现
我挣扎着上岸

辑一　　空　城

十月盛世狂欢
伊人远方朝拜

我给这座空城戴上了王冠
这是对年老者的馈赠
这里有温湿的夜、温湿的空气和纯净的水
有木椅、杨柳、昙花
有虚构的威武、施舍和吻
宫殿里一度传出我写的诗歌
宫女们跳起桑巴舞
狂热让我忘记了心口的伤疤、落寞

往事是一把小木钻
一点一点啮噬年老者的伤痛
可我常常用它来治愈我的老年痴呆
青春,洪荒年代
依然有微温的气息

伊人在远方,痴心做梦

王在写诗,痴人说梦

辑一

裸 奔

当月光决堤
我和我的兄弟们翻过藩篱
一缕清风,一片苍茫,一声长啸
峥嵘是一段被遗忘的忧伤

裸奔吧
在触手可及的广袤天堂
我们这些平日里的王啊
卑微得像一滴水、一粒沙、一根草
仰望江山
那些灯火、城堡、王冠和女人
终将被后代塞进历史的博物馆
成了笑柄,落了尘埃

哭啊!哭啊!
笑啊!笑啊!
漫灌的时光加速在奔流

如果青春它再也回不去了
请允许我在石头上镌刻下裸奔的图腾

听,风往一个方向吹
那些平日里寂寥无声的理想
三三两两
在山野的溪水中流淌
在夜风里倾诉

辑一　　啜　泣

我用一首首诗
把青春耗尽
诗一开始很长
最后越来越短
如同我的头顶上的岁月
一绺一绺地
丢落

在后视镜里我又看到了一根白发
于是我趴在方向盘上
一阵啜泣

秋日私语

秋日里
一个黄脸少女向我私语
她悲伤于我踉跄的腰身、满头的银发

这尘世啊
每天都上演着劫后余生
以至于我举双手祷告
长生天啊
保佑我们的发肤,青春,理想

岁月轮回
生命无常
萨日朗花开着开着秋天就到了
西风吹着吹着人就老了

深秋的北国大地
秋草枯黄,鸿雁南飞

勤劳的布谷鸟栖息山谷

很多刚烈的人

皈依佛门

秋虫

掌控了晚秋的一切

把一声声叹息

推送到我面前

生命如土豆花

在湛蓝的天宇
我沉默得像颗土豆
低调、猥琐
大地知道我的忧伤

裸身而来
天空总会摇曳下一滴滴眼泪
让大地从此浸染上
一大片一大片
土灰色的
庄重

生命如土豆花
恣意过
靓白、淡紫、粉红
层层叠叠
绚烂多姿

辑一

风把一缕缕往事吹拂
熨帖而温暖

游离于深秋

飘风暴雨
鼾声依旧如雷
青春,被束之高阁
在肉体和钢梁之间
游离

我用一根根青筋
撕扯住白日梦
冬不胜寒
把躯壳里最后一点余温
熄灭

华灯初上
清夜、寒夜、残夜
淡黑、浓黑、墨黑
深秋
悄然隐逝

辑一

那一天我爬上藤蔓

半夜
我悄悄打开
妻子怀中的两把铁链
把灵魂甩上天
然后
我去找它

月亮放下一根长线
我爬上去
爬山虎也爬上来
它知道
离别的时候
我的双手
握不住眼泪

藤蔓掉到了西山
我掉到巨人脚下

衰叶,枯草,荒芜的土地
古井把杜鹃鸟的眼泪
彻底吸干

我想好了
把我的魂给望帝吧
等新芽彻底催上了情
再把灵魂还我
让我的躯壳重新长出眼睛
我们
回家

妻子在门上只留了一道小缝
她梦里都能喊对
我的体量

索性
把草鞋留给蟑螂先生吧
再弱小的生灵
也需要
偶像

辑一　**窗外的白鸽**

24

窗外的白鸽
去年你来
不带脚镣
我不知道
你的名字

黎明
透过花玻璃
四只睡不着觉的小眼睛
使劲
把黑夜撕开

酒肉
还在裹着我的愚蠢睡觉
肚子肿得
像
宝贝的拉拉裤

可怜的白鸽

你想逃避吗

而两只小胖手

却急迫地想从我的口袋里

冲出去

太阳起床了

雾霾重新钻进渔夫的玻璃瓶

宣泄吧

两个骄傲的名字

逃离浑沌

把阳光和童心接回来

窗外的白鸽

今年你来

戴上了名贵戒指

我记住了

你主人的名字

辑一　　**今晚奖赏你，我的躯壳**

夜深了
太阳将城市移交给酒鬼和赌鬼
月亮好悲伤啊
一上来
就给我一个哭脸

心情不好时
我拿躯壳出气
可怜的躯壳
今夜又要喝白开水

饿着点吧，我的躯壳
你饱了
我的过错就会像牛毛一样
越来越多

心情不好时

我拿躯壳出气

可怜的躯壳

今夜又要喝二锅头

醉着点吧,我的躯壳

你醒了

我的忧愁就会像大海一样

越来越深

菊与刀啊

我灵魂中的两面性

拿不起

放不下

伸出来

收回去

梦里哭泣,哭完醒来

醒了再梦,梦里再哭

一次次矛盾的轮回

蹉跎了时光

蹉跎了岁月

蹉跎了情

今晚我要奖赏你啊
我的躯壳
趁着没有入梦
趁着没有哭泣
趁着没有动情

给你些好酒吧
好好给男人吹大牛

一盘意大利面

一盘意大利面
把胃吃醉
灵魂却爬上阿尔卑斯山

穿越两千多年
望去
黑云笼盖着妖气
亚平宁,庞贝古城,古罗马浴场
宙斯在笑
躺在他怀里的女神
也笑了,
现代人的贞操观
碎了一地

我深邃的目光
引来一把火种
火山

把腐尸

连同它裹挟的庞贝,被亵渎的清泉

以及角斗场,文明

统统毁掉

这里注定要不断地毁灭,不断重生

给百姓一盘意大利面

足矣

四十感怀

倚过四十棵山楂树
蹚过四十片海
撩动过四十只风铃
弹奏过四十把老吉他
流浪过
四十年的青春

啊！四十岁的男人
我哭过的岁月
你的背影
湿了一片

辑一

无 题

1

暴风雨过后,清晨
我站在一百层高楼下
战战兢兢地穿行
身轻如蝼蚁

这一百层高楼是一支巨大的桅杆
在城市汹涌的洪流中
高高耸立着

2

立在河流,立在万仞沟壑
潮水席卷而来
然后滚滚东去
后浪总埋怨着前浪

我裹着泥沙,泥沙是生命之盾

洪流把岁月之弹

疯了一般向城市扫射

向我的盾

扫射

3

潮水退去

我试图寻找

自己的背影

和平之光从高楼上斜射过来

把记忆

撕成一片一片

2 白日梦

我苦苦追了一个世纪

却只追到了

一个黑夜

白日梦

你是一个
白日梦
我苦苦追了一个世纪
却只追到了
一个黑夜

辑二

童之梦

梦里
有个疯狗追我
我喊停
这童年的梦
我只想复制在现实里

未了梦

那个昆虫很忠诚
知了,知了
为我催眠
白日里我找不到答案
夜里它也不放过我

辑二

岁月之刀

一把刀
经岁月的磨砺
锋利无比

生命不会发荣滋长
有时也会杀伐
看啊!
那欺骗犹如腐肉
吞噬着健康人的精血
一刀两断吧
按自己的方式
生活

这一刀刀下去遍体鳞伤
我满含着热泪
等待一点点伤愈、成熟

我看见

每天
我都在黑暗的峭壁上行走
悬崖下面有一条河
深不见底

阳光穿过山峦直射向河水
水面上出现了倒影
我看见
一个极不自信的人
正踉踉跄跄地走向未来

风雪夜

我骑着一匹白马出发
走过风雪之夜
十里飞雪
笼盖大地、村寨、屋檐
蒙蔽了懦弱者的眼眸

雪花飞舞
云雾迷茫
生命没有满意的答卷
归来不知是今夕何夕

苍茫中总看到灯火摇曳
那门依稀虚掩
窗棂上映射你的黑影
温暖暖透了我的衣襟

困于牢笼

大地突然颤抖,天崩地裂
我把身子使劲向外探,想趁机逃脱
阳光被风沙卷走
笼外
飞沙走石,雷霆万钧

我困于笼中
不能狂野,不能裸奔
更不能像苍鹰
无畏地冲向闪电深处
和暴雨为伴

我无奈地蹲在大地上
接受命运的安排

辑二　孤　旅

一个人
总也撕不开漫漫长夜
而我打开的那扇窗外
世界
也是孤独的

孤独的狗
守着孤独的魂
它在午夜里长吠一声
同样
是给自己壮胆吗？

这薄情尘世里
我有过一个个羸弱的绰号
而故乡的月光、老酒、人、情、以及鼓噪
总能让我
剑

气

长

虹

城市啊

霓虹灯一盏盏熄灭

车、人、电波、皓月,一切都随洪流而去

我看见的和看不见的

我守住的和守不住的

也终究要裸露在无情的冷雨中

接受一次又一次

寒的考验

农历八月十八

空旷的北国大地上

往事如风

我们重又踏上孤独的旅程

守着这一夜夜的恐惧

我想我是在等一个人

你来

从此我不再是迷途的孩子

辑二 现代刀客

西北追来的飓风
一路施虐
车厢外掠过一双双狰狞的手
我们魂不附体

那带刀的客
却在旷野里巡行
毛发四竖,二目圆睁
风沙裹挟着四月的理想

春天
通往古楼兰的路上没有风景
只有干涸的源头
孤零零地从旷野里消失

这是个纯粹的现代人
他茕茕孑立、天马行空
身上背着刀

陌生人

陌生的人

陌生的风

陌生的灯

陌生不是我对这个尘世的绝望

陌生是我虚掩着的一扇门

听啊

风铃响动了

门外传来去年的脚步声

簌簌,簌簌,簌簌

似曾相识

未曾谋面

风静止了

呼吸凝固了

我所期待的故事又开始回放

薄情的风霜封冻了柔情的窗棂

你没有勇气走进来
我没有勇气迎出去

九十岁姥姥

九十岁的姥姥
学会了在微信里叫苦
来啊
来聊

这屏幕很诡异
总在夜里熠熠
不哭
不笑
不留下身影
岁月的尘土蒙蔽着它
掩盖了黄昏的灯

每天有一个人命里叫苦
母亲说自己很年轻
永远
二十岁

晚秋之雪

晚秋
北方有一场雪
风无奈
秋的王冠被狠狠摘下

这弥漫于大地的
是大地的乳汁
这弥漫于眸光的
是眸光的溶菌酶
一切
润泽无声

晚秋透露出它的真面目
萧瑟、凄凉
初雪
至少愈合了路面的伤痕
皑皑、柔柔、莹莹

一根烟的亮

黝黑的夜
大地沉沉睡去
风把先行者的悲伤送来
孤独、凄凉

迷惘的夜里
我乖乖地交出笔、墨、纸、砚
用重金向魑魅魍魉讨一支烟
这微弱的亮
耗尽了半生积蓄

辑二

向日葵

我坚持仰望
终于等到
秋日里最后的一抹暖阳
它把岁月涂抹成
我的颜色

枯鱼、衰草、秋虫
大地沉暮暮
一片忧伤
只有人类在生命的暗河里
顽强地
巡行

河水即将隐退
而暗河里愈来愈悲怆
不谙世事的美女虚掩着笑
一边唱着歌,一边走进

流年

我骄傲于自己的青春和生命
像人类一样
肉体的图腾死掉了
而生命仍在接力
一枚枚
桀骜不驯

重 温

重温一个梦

走进布谷鸟的爱巢
捡拾起城市早春流失掉的歌声

在一道道旭暖的流年之光中
千万只鸟飞出来
千万张喙叼着千万个灵魂
生命进入鼎盛之年

这些鲜活的精灵
它们是我梦中的图腾

3 勾 引

城市里
我用三种方式
勾引我的女人

勾 引

城市里，我用三种方式勾引我的女人
小摩托、诗歌、远行

女人说青春是一场盛宴，不想缺席
于是小摩托成了利器

女人说生活是一种品味，不想低俗
于是诗歌做了调味剂

女人说梦是一种境界，不想遗落
于是远行成为我们的选择

腐 烂

果实
汲取土壤的养分
风吹、光照、雨润
散发着迷人的醇香
若
我之伊人

倘摘下它
从此就脱离了叶、枝和根脉
揭下它神秘的面纱
静静地
开始腐烂

爱情
也开始腐烂
始于
占有

不 要

不要阻止我豪迈
秋雨来的正是时候
大地正蓄积力量
明年的爱情定会山花烂漫

不要阻止我忧伤
眼泪来的正是时候
内心正蓄积着爱
明年我的爱人定会铿锵有力

不要试图阻止
在爱情这个问题上
我们
桀骜不驯

归 来

我用一生的积蓄换一张车票
决然踏上归程
记忆碎了
数不清走过多少个站台

岁月被我无情地抛在身后
荒芜成一条古道
等待下一个殉道者
走过

汽笛长鸣
为悲伤送行
让流浪从此划上句号
罗盘指向遥远的故乡

那远方的灯一直在亮着
你用倦容

折叠了一千个纸鹤

让思念

在晚风中摇曳

辑三

爱的寒冬

寒风把你的余温
吹向另一个人的怀抱
我伫立在那里
静静地叼着一嘴被凝固的霜

梦的车轮被城市的洪流封冻
在数九寒冬里
步履维艰

唱一支歌走向寒冬吧
无畏孤寂、无畏严寒
远方的路上
另一个伊人也在今晚启程
往昔终将被碾压
支离破碎

情 车

北上的列车,喘着粗气
如同那夜
你走近我

你的柔情穿越了我的躯体
让我把灵魂
彻底丢进这璀璨星河
无论白天黑夜
我都不想找回

爱情就是一次
铁轨和车轮的碰撞
若要我刹车
注定是
钢花四溅
累累伤痕

辑三

秋风拂过荒草

八月的风
从大漠吹来
拂过荒草
吹过我内心的荒芜

我想起
我曾经是一根卑微的绿草
一不小心
迷失在百花深处
可我只在
只在你那一棵花蕊中
吮吸过春天
吮吸过
你温柔的气息

秋风
给了我狠狠一刀

于是

大片大片的往事

随着我的悲伤

跌落在

幽深的山谷

倘要再次吹进你的心房

至少

再等一个四季

辑三

鹿儿岛

夜里凝固着
走尸的味道

门栓吱吱地响
有人捏着鼻子唤我的名字
阿来！阿来
婆婆说
不要答应她
那是魔鬼

那分明是一只精灵啊
她从树中来
从月光中来
她牵着我的魂
伪装着自己的野性
还用羞赧的鹿角
撞我，勾我

这里还有我从没有见过的

大自然的奶水

我一大口一大口地吮吸

贪婪的灵魂啊

整整饥饿了一个世纪

它是纸片片

就那么一丁点的空间和气力

让我追不上我的鹿儿

快点啊

色鬼

太阳还在昏睡着

酒精还在昏睡着

抓起皮囊

让灵魂长上腿

到鹿儿岛吧

爱神们都喜欢在那里栖息

爱的阴谋

夜色挑逗着亚克兴海
我裸露着胆子
扑通一声
掉进了
克利奥帕特拉的爱河

青春的四个出口
被勇士
紧紧扎住
然后
温水开始
咕咚,咕咚,咕咚

我出不去
灵魂
被你用狗看着
你只是狞笑着

从怀里

狠狠抓了一把

抛给我

我站上十字架

被你

从一条河

放进一个熔炉

兹兹地烤

烤一下,尝一下

烤一下,尝一下

炉火快要熄灭时

你一口吞下

就连渣滓

都不给别的女人

留一口

辑三

梦的眼睛

梦
是长了眼睛的

昨晚
气象预报说有雷暴雨
于是
它像个幽灵
又出现在你窗前
守了
整整一夜

你出嫁那年
梦来过
守了一夜
哭了一夜
从此
视力大不如前

夜晚的花

夜晚的花,皓月之外的花
娇柔、妩媚
风尘中绿暗红稀

这承载繁花似锦的根脉
青绿过、茁壮过、窈窕过、仰望过
一指微风吹来
摇摇欲坠

摩登女郎
忧郁的眼神冲出窗外
徒劳地张望
仿佛要穿越时光

轻轻一叹
月亮重又送来白日之梦

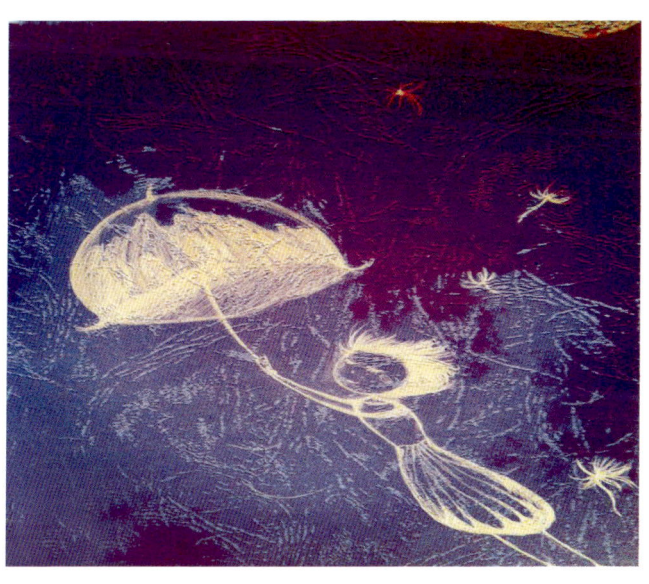

4 我想躲过你的目光

我想躲过你的目光
把我的身体彻底缩起来
缩在岁月里

秋夜有一双美丽的眼睛

辑四

秋夜是美丽的
她的秀发从天而降
星宿们攀附在上面
但我找不到其中两颗最亮的
那是她的眼睛

有人说她是来自西方的夏娃
诱惑是她的初心
时间太遥远了
《圣经》上落了尘土
我看不见罪恶
我只看见了
美

为此
我还把灵魂送上了山岗
那飘逸在夜空的,可以触碰得到她

但我没有勇气去

撩她

我甚至想借西风

可西风

都给了今晚浪漫的人

去你的,那可恶的魑魅魍魉

白天我再陪你玩耍

今夜我只想让她打开智慧的明灯

请允许我借一点亮光

读懂

古人的寂寞

驱散

我内心的荒芜

我想躲过你的目光

辑四

邂逅时
我想躲过你的目光

你的温柔
曾经穿越我的躯体
让我把灵魂
彻底丢弃在璀璨星河
无论白天黑夜
我都不想
找它

分手时
我想躲过你的目光

你的犹豫
曾经划破我的心口
让我把忠贞

彻底丢弃在无边的荒野
无论岁月轮回
我都不想
找它

如果分手了
男人的世界也会有了冷雨
吧嗒,吧嗒
那无尽的忧伤和无边的惆怅
也会一滴一滴
溅落在冰冷的地面上

我想躲过你的目光
把我的身体彻底缩起来
缩在岁月里
纵使猥琐
也不愿你
看见

哀伤于爱情

辑四

我和伊人坐在晚风中
风撩动着她
几根白发狰狞着
忽隐忽现

我就这样看着她
静静地想
爱情之花怎样在春天里
绽放过

辑四 海蛇与石头鱼

一切都是无辜
一切都是命中注定

男人和女人
海蛇与石头鱼
两个彼此带毒的物种
互相咬住
呻吟着,呻吟着
一起
将爱情谋杀掉
把浪漫
终结在暗黑幽深的沧海

最后一笑

辑四

英子

我求你

给我最后一笑

如果当初的牵手是一种痛苦

那么今天的分手

理应是

一种快乐

雪国·纪念日

我走进雪国
金色的阳光洒下来
茫茫林海里只有你那一粒最绚烂多姿
我喘着粗气
粗鲁地将你摘下

二零零三年十月二十三日
请记住那个伟大而幸福的日子
丘比特的神箭从此镌刻上忠诚二字
我的北国不再荒凉

苍茫的林海有了生机,大地用纯洁祝福我
飞驰的列车有了生机,人们用欢笑祝福我
饥渴的生命有了生机,荷尔蒙用奔腾祝福我
简陋的茅屋有了生机,我用我的诗篇祝福我

让茫茫白雪为我作证吧,爱人

当贫穷的、年迈的我再不能带你去远方
请允许我支起笔
让那些浪漫的诗句一个字一个字地
抖动下去

辑四 **燃 烧**

没有了爱情
我会莫名地伤悲
压抑在荒芜的地下深处
被暗流阻隔

你来了,请不要阻止我啊
我要燃烧
烧成一片炽热的烙铁
去融化你冰冷的内心

寒冬来了,请不要阻止我啊
我要燃烧
烧成滚烫的地热
为你取暖

热气球来了,请不要阻止我啊
我要燃烧

烧成沸腾的动力

让你看尽世间的美景

在你的目光中,纵使猥琐

我也要燃烧

辑四 情书

那年冬天
我用整个身心去捕捉你
你犹犹豫豫飘来
从此
将一颗受伤的心带走

既然我的心已走
可你
却为何迟迟不肯再来

忘情水

不该想你时
心火太旺
我用最后的力气
抓了一把黄连
狠狠撒在心口上

伤得太重了
马桶先生的嗓子急得直冒烟
就盼着
炮声一响
好痛痛快快哭一场

夜晚
盥洗室里的水花
清唱了
一首忧伤的歌
把污秽冲走

也把中年人最后的羞赧

一并带走

5 思念的雨季

南国的雨水泛滥着
那定是母亲决堤的泪水
我要连夜赶回去
为她遮风挡雨

十月游子吟

十月
我却一声声悲怆
浮生呵
从繁华到萧瑟,从春风到秋雨
不过咫尺

啊!游子
童年,春风吹来过
春风在草原上放逐着鸿雁
鸿雁在草原上放逐着梦想
周而复始啊
每一座毡房里都有过离别
它从草长莺飞而来
忽又隐没

啊!游子
暮年,秋雨袭来过

秋雨刺透了乡间的斗笠

斗笠在乡间守望着邂逅

周而复始啊

每一个乌衣巷口都闪过明眸

它从暮色苍茫而来

忽又隐没

十月,也以梦为马

追逐秋雨上的白云

羽翼下是黄褐色的西北大地

炊烟袅袅

母爱绵绵

九月里的日光女神

辑五

九月的日光,你看多好啊
日光普照着大地
大地上泛起金色的麦浪
到处是人欢马叫

看啊!我的马儿
它多像诗人
时而沉思不语,时而醉舞狂歌
这古精灵最能传递喜悦的讯息
桀骜!胜利!凯旋

看啊!我的母亲
她多像日光
时而娇羞,时而蓬勃而出
这生命的缔造者最能表达丰收的喜悦
粗糙!浑厚!富有

母亲大把大把地翻动着麦穗

我大口大口地吮吸着奶水

母亲啊

你才是这九月里的日光女神

夜归人

辑五

诗人的草鞋
把一层层石阶
磨平
酒杯也被喝得
酩酊大醉
月亮
干脆躺在猴子的臂弯里
睡大觉

茅草屋
今夜是慵懒的
主人
母亲的针
刺痛着冬天的神经
连酥油灯也屏住呼吸
只怕一个喷嚏
惊醒了摇篮里的火苗

雪花

终于忍耐不住寂寞

一头扎进

马厩的怀抱

偷窥

古战场的精灵

跳起欢乐的舞蹈

更夫的梆

唤不醒丢了魂的白狗

夜灯

挑着诗人的脚步归来

也把母亲心上的石头

轻轻

挑落

野 火

辑五

野火
常常出现在我梦里
我一遍遍呼喊着童年的名字
喊到肌无力

梦里
我又一次披上了铠甲
向乌江
寻找项王的足迹
抄一根葵花秆
追随他
那个力拔山兮的勇士
却已泪如雨下

梦里
我又一次围上了兜肚
向远山

辑五

106

寻找母亲的身影
摘一朵萨日朗花
追上她
那个唱着山歌的美女
早已满头银发

思念像野火
我想压制
却不料酿成了超级野火

土默川寻亲

辑五

梦里

我飞起来了

飞出四堵墙

飞过黄河

飞到土默川脚下

土默川有我的姑

有姑的院落

玉米做顶

辣椒做帘

猫儿匍匐在墙头

等着倦鸟归巢

这丰收的季节里

总是

鸡飞

狗跳

院落和出嫁时的姑一样

静娴

守命

五十年了

姑的门始终敞开着

她依然坐在炕上

望眼欲穿

面朝南方

南方有我的回程票

北方却没有了你

九月

寻找姑的九月

目光如镰刀,似飓风,像闪电

还有我眼里迟来的暴雨

要把这土默川一眼望穿

还要把土默川上骄傲的高粱、玉米

统统放倒

思念的雨季

辑五

一位古稀老人

踉踉跄跄地走过雨季

那是

三十年后的我

老无所依

海棠花

开了又落

落了又开

至少小草是它忠实的亲人

这里

没有遗憾

没有若只如初见

只有年年岁岁的

生命敬畏

南国的雨水泛滥着

辑五

110

那定是母亲决堤的泪水
还不迟
我要连夜赶回去
为她遮风挡雨

思故乡

这么多年
梦里
我始终生活在
那满载高粱玉米的牛车上
父亲高昂的头
低垂着
和他的牛儿一样

牛儿
一步步向前
朝着旭日东升的方向
父亲
一步步向后
走到了夕阳深处

终于
我苍老的身体

爬过两个懵懂的幼儿

想起父亲

想起他驼着的背、高粱、烟斗、唢呐

还有那忠实的牛

三千万儿女齐唱走西口

喝一碗羊杂碎我爬上母亲的热炕头

今夜的眼泪

撕心裂肺地流

流过春天

流过这北方的黄河

给母亲的信

颤抖着双手
用拙笔写下忏悔的诗句
母亲
一个让我老泪纵横的名字

年年岁岁的相思
岁岁年年的歉疚

妈妈
今夜有暴风雪啊
但想起您
无惧
无惧

我要蹚过这茫茫的雪夜
从虚无缥缈的这一边
向您的热炕头

奔去
奔去

小倩影

辑五

蓬头、垢面
春风送来一个小倩影

踉踉跄跄
跌倒复又爬起

爸爸！爸爸
幻觉丛生

时而沸腾
时而窸窣

杏花如初
一次次重复、轮回

静默
守着幸福而平静的日子

重阳日

两棵嫣然可掬的向日葵
守望着乡间
此刻
低头不语
重阳日
光阴把他们蜷缩成一道风景

我蹬在岁月的马鞍上
看着水天相接的地方
秋风吹来长调,荒草,孤雁,故乡
和父母的窃窃私语

暖阳乍起
唤起一世温情
沿着故乡送来的那一束光芒
轻轻地抚摸、抚慰

故乡的白发

弯弯曲曲，柔柔长长

辑五

辑五 在包克图小镇

在包克图小镇

我又听到了鸡鸣声

顺着它的方向

我恍惚看见了锅台后边那个

永远驼着背的女人

让我再亲亲她吧

从此

绝不会放手

在包克图小镇

我又听到了车铃声

顺着它的方向

我恍惚看见了自行车前面那个

永远闷着声的男人

让我再抱抱他吧

从此

绝不会放手

在包克图小镇

我又闻到了小推车里冰棍的清香

顺着它的方向

我恍惚回到了梦里那个

永远令人神往的童年

让我再一次拥有它吧

从此

绝不会放手

辑五　开往德州的火车

伟人在中南海轻轻划了下火柴
岳父的烟斗
就烧起熊熊烟火
驶向匈奴居住过的地方
革命的小火车
嘲笑着
老爹娘的眼泪

是那条黑眼睛寻找光明的路吗
是那条通向西部的掘金路吗
是那条回程票上印制的好客路吗

岳父偷偷问过耶稣，先知，还有佛祖
他们和村头的老榆树一样
这些超脱的物种啊
沉默在云上的云上的云上
愚蠢的人见不到

而我这个信徒

只是招魂幡下面的一块

贱骨头

冬日的最后一颗流星不急于坠落

长生天心存悲悯

老爹娘咽下最后一颗山东大核桃前

告诉他的儿子

四十年前的那条路

是别人的草原天路

却是爹娘丢失跪乳小羔羊的

伤心路

岳父也老了

他烟枪里浓浓的白烟

和他呆滞的目光

一个方向

他急需一张被孝顺的火车票

不是通往火鸡味香浓的德克萨斯州

而是大葱味浓烈的

老家德州

辑五

臭嘎子

洋火枪

黄河水

还有祖祖辈辈们地下的宫殿

勾着老岳父的魂

一勾

就是四十年

萨日朗花开了一茬又一茬

6 萨日朗花

火红的裙摆向上卷起

你只在盛夏而来

一个春天我都蠢蠢欲动

灵魂在草原上栖息过

灵魂栖息的地方
应该很干净
像太平间

肮脏的汗液
一直渗透到了命根
肥胖的肚腩遮盖了它
只要思想纯净
穿多少
都是多余的

夏天好热啊
于是
我犀利的目光划过苍穹
似箭
射落了九个太阳

月光女神

重新眷顾了草原

嫦娥,我思想的马,祖先的马

款款走来

今晚

男人的赘肉终于派上了用场

或摊在地,或拎起来

女儿有了天然的帐篷、睡袋和藏狗

穿过这死一般的古铜锈

草原奔跑过一个个叛逆的裸体女人

她们浑身上下散发着浓烈的胭脂和孜然味道

睡吧,趁今夜没有月色

辑六

睡吧,大山
趁今夜没有月色
开挖掘机的工人罢了工
他悲悯于母亲的身体被掏空

睡吧,大河
趁今夜没有月色
化工厂工人关了阀门
他负疚于将母亲的血脉玷污

睡吧,草原
趁今夜没有月色
游历的人返回了家园
他不愿再践踏母亲的青春

睡吧,尘世
趁今夜没有月色

风将带走了一切罪恶
它要还世间一个朗朗的乾坤

萨日朗花

热情奔放的草原女神
火红的裙摆向上卷起
你只在盛夏而来
一个春天我都蠢蠢欲动

八月
草原的风又降了几度
汹涌的暮色越来越浓重
强拉住岁月的衣襟
我不肯撒手
多情的种啊
无情地分离

寒风给青松吧
勇士钟情于她
我要找一个僻静的角落
拥抱回忆

六月·呼和浩特(组诗)

敖包

大青山巅哈达飘,
片片祥云锁敖包;
最是一年舞台好,
塞外青城最妖娆。

青冢

胡汉和亲几千年,
青冢脚下舞翩跹;
自古草原就多情,
舞罢歌停雨绵绵。

高铁

将军南来驻草坡,
孤雁衔梦绕黄河;
草原深处飞高铁,
青山从此不寂寞。

贺兰山·阿拉善

走近贺兰山
走不出妖娆的贺兰山

这里
曾经弯刀闪闪
新月见证了
历代帝王的贪婪与奢望
变了纪年朝代你和我
没有改变兰山女子多情的眼神

像银蛇
绵延向前
续写灿烂的贺兰山文化

像车队
轰轰隆隆
驶向富裕和文明

辑六

134

像鹰钩

轮廓分明

思索出跨入新世纪的方略

像驼峰

储存能量

带领二十万阿拉善儿女谱写新的辉煌

走进阿拉善

走不出苍天般的阿拉善

伊兰嘎查

辑六

夏日的夜
夏日的风
漂泊的孩子思念草原阿妈
谁也阻挡不了我梦的脚步
今天又回到伊兰嘎查

天边的驼铃
天边的马蹄声
老额吉数着星星盼我回家
谁也割不断我思念的风筝
今天又回到伊兰嘎查

包里的问候
包里的吻
额木格端上清香的奶茶
谁也束缚不了我回家的翅膀
今天又回到伊兰嘎查

辑六

136

草原上的烈酒

草原上的情

梦里泪里永远是埋怨我的儿时恋人

谁也扯不住我魂归的帆

今天又回到伊兰嘎查

妹子,我从草原来

辑六

妹子
我从草原来
赛百诺

妹子
我从草原来
身上还有
羊膻味

妹子
为了见你
我涂抹了
半个世纪的香水

妹子
你和城里的人都不爱说话
像我的羊群

	低头守着
辑六	青草
138	妹子
	我从草原来
	拜拜

我的草原女神

你美哟
人们都那么说
你的脸庞你的长发你的睡姿
还有你的轻盈歌舞

六月
我带着小男孩的好奇和莽撞
一头扎进你的臂弯
从此我如堂吉诃德
愚笨地
迷失在你散落花瓣的童话世界里
吮吸、欣赏、膜拜
从此不识归来之路

轻轻地走近你
那流淌的乳汁
永远是那么醇香甘甜

这是长生天送给人们的最好礼物

吮吸一口

从此就会长寿千年

你白皙的肌肤散发着青春的味道

那波澜起伏的

那金黄耀眼的

油菜花花

早已迫不及待地依附在你的身上

生怕错过了他们的主人

雨后

你长长的发舒展开来

再扎上一朵金达莱

宛如下凡的九天仙女

风儿羡慕你的美貌

好多次偷偷地撩动你的长发

你隐隐约约

我恍恍惚惚

我贪婪地欣赏你的身体

还痴痴地等待
一饱你的容颜
你忽隐忽现
不时用一首首美妙的恋曲
拴住我

终于
我没了耐心
该走了,我心已决
我的女神
别想再折磨那个天真的孩童

就几步
我还是忍不住回首
哦
我心中的女神已然张开笑脸
而且她告诉我她的名字
呼伦贝尔大草原

辑六 山谷里的回忆

小青
是你吗
多少次梦中
又回到家乡的山谷
两个打补丁的人
两颗热血澎湃的心

山谷的风出来
吹破衣衫褴褛
那时虽然很冷
却仍然做着封妻荫子的美梦

顽皮的黄土啊
钻进我们的牙缝
我们笑着冲向小黑河
甘甜的河水里
荡漾着一颗颗搞怪的童心

坡上住着独身的老奶奶

茅屋很破

茅屋里的故事很动人

一次次我都承诺

奶奶

等着我

长大住我们的新屋

坡下躺着两个放牛娃

大山很静

山外的故事很迷人

一次次我都承诺

小青

等着我

当官后我们一起享福

山谷的风吹来

吹过市井高楼

柏油路烤得人发烫

我们仍然在追梦的路上

黑土塑料袋满地肆虐
苏丹红恋上我们的舌头
我们哭着冲向小黑河
浑浊的河水里.
撕裂开一绺绺失落的白发

小青
是你吗
多少次泪中
再也找不回家乡的山谷
两个衣着华丽的人
两颗打着补丁的心

7 银河啊银河

银河啊银河

二十一颗太阳类星

怎么就容不下我的一颗

野心

银河啊银河

辑七

银河啊银河
日夜旋转的涡状星
我肉眼看不到它呵
只能出现在
梦中

银河啊银河
赫拉女神的白色乳汁
勾引我上天呵
耗尽我三万多年的
青春

银河啊银河
宽有30度
倘能横跨长空
唯有忠贞不渝的
爱情

银河啊银河

我只是一粒沙尘

但和宇宙相比

你也只是个

蜉蝣

银河啊银河

二十一颗太阳类星

怎么就容不下我的一颗

野心

牛郎星与织女星

河鼓一,河鼓二,河鼓三
织女一,织女二,织女三
…………
我想了千年也想不通
是谁这么不解风情
让银河系里多了
儿女情长

天帝啊！既怜其孤独为何谴其废织
织女啊！既知人间之苦为何尝试禁果
牛郎啊！既知凡胎为何勾引天上的女神

舀一瓢天河之水吧
助其夫妻相会

半人半马

一半是人
一半是马
这是个多么贴近现实的人物
我崇拜那些古希腊的智者
他们深谙人性
我也被他们称之为神

我喜欢这个称号
此刻我就是神,我的两面性每天都在作怪
一边做着善事,一边做着恶事
帮助人时我是人,践踏人时我是马
我的理想其实也是chiron,那个有修养的完美之人
那些终日祈求上帝原谅的人
大概都和我一样

在感性与理性间矛盾挣扎
在人性和兽性间矛盾挣扎

致宙斯

辑七

宙斯先生啊
每一个星座都和你有关

我尤其诅咒你
让我美丽的春神珀耳塞福涅
那个手持麦穗的天真少女
每一年都会伴着地狱的恶臭和恐惧的梦魇

我赞美大地母亲
当珀耳塞福涅的呼救声回荡在山谷、海洋之间
她抛下了待收割的谷物,飞过千山万水去寻找女儿
人类不能没有大地母亲,大地母亲不能没有珀耳塞福涅

我还要诅咒冥王哈迪斯
你那颗罪恶的种子啊
让纯洁的人们抵御不住邪恶的诱惑
让温暖的尘世结满冰霜,寸草不生

辑七

154

宙斯先生

既然你是正义的化身

却为何创造了一个个千年的难题,难道

我们都是你纵欲的

试验品

致阿斯特莉亚女神

辑七

阿斯特莉亚女神呵你可知道
在你走后的日子里
我的星球上已找不到一个可落脚的位置
寂寞之神还在不断地创造着人类
一些勤劳,一些懒惰,一些踊跃,一些堕落
可恶的寂寞之神啊,他玩忽职守
他不做筛选
也不同时创造乳汁、食物和甘霖
自从大地上有了私欲
人们就陷入纷争
生灵涂炭
血流成河

阿斯特莉亚女神呵你可知道
在你走后的日子里
半球北部就出现这样一个部落的首领
他到处指手划脚

他说他代表了你

他一手拿着天平,一手拿着剑

但他不蒙上自己的眼睛

他一手创造战争,一手维护和平

还偷偷地赚取着大把大把的黄金

可我们不相信啊

阿斯特莉亚女神呵,如今我只有一个愿望

请你回到人间

一个有病的诗人

这个诗人有病

病得不轻

他常常在夜里喃喃自语

说自己是国王

他还一度跳下床,挥舞着斧头

对着魑魅魍魉

砍啊砍

我给他准备了满屋子的仇恨

那深邃的阴谋、邪恶的王后、杯弓蛇影

那虚伪、欺骗、流言、蜚语

那战场上的荆棘、丛林、猛禽、走兽

那奸佞之臣、那不守节操的妃子

那偷偷往菜里米里肉里灌毒水的桀贪鹜诈商人

砍吧,我的王

这温室的床给你,窗帘给你、窗户上的铁护栏给你

这盛世的梦魇,这暗黑世界中的黑暗

我都给你

看啊,我的王

今夜的月色多美啊

月光映射在你的斧头上

和你的诗歌、你的汗水、你的正义之梦

一起流淌

生灵的雷同

辑七

猪儿说
我有三种受难:出生、饥饿、肥胖
我有三种幸福:发呆、睡觉、咀嚼

马儿说
我有三种受难:出生、束缚、哀悼
我有三种幸福:吃草、睡觉、凯旋

人类说
我有三种受难:出生、欺骗、年老
我有三种幸福:健康、睡觉、荣耀

出生是一种受难
睡觉是一种幸福

归去来兮

独裁者的大军正在开拔
往西,往西,再往西
那里每天都有一场战争
争夺着
草原的支配权
和动物的
交配权

在勇士和战马的咆哮中
我闻到了
炽烈的
死亡味道
是窒息
是挣扎
是张扬的生命里
最后一滴眼泪

往东,往东,再往东

可汗啊

我就是今晚的逃兵

逃离你

情愿跌入

她的怀抱

逃离你

情愿掉进

她的魔掌

这里有家,有妻儿,有温馨的灯火

我们有足够的粮食和土地

我老了

已经无力战斗

和我一起留下的

被嘲笑的人们

请和我一起

坚强些

辑七 162	再坚强些 守住自由和灵魂 守住 日益苍白的诺言 和即将枯竭的 爱河

唢 呐

辑七

一枝花

恣意过

年老者的躯体

向黑夜

索要掌声

这里是文明社会

这里是大都会

这一声声呜咽

吹起昂贵的尘土

把魂

唤回

孝心不停

唢呐声就不停

白花花的银子递上去

吹鼓手笑了,看客笑了,主人笑了

一排排大黄牙

裹挟着

西北人的憨厚

老志愿军

爷爷是个老志愿军
他睡着了
收音机里依然澎湃着一首战歌
雄赳赳,气昂昂,跨过鸭绿江

我帮他卸下铠甲
那铠甲沉重得让我窒息
岁月抚摸着他的银发
轻轻啜泣

8 河的顿悟

风一程、雨一程、雪一程

祖先

踉跄前行

河的顿悟

我面前

有一条河

它从唐古拉山而来

大地举洪荒之力托举它

向伟大的人民

献礼

在这里

我嗅到了

马的汗息、草的汗息、母亲的汗息

我如此崇拜地捧一口河水

感受着

父亲、祖父、先祖们的圣明

我的降生

是一把刀、一支笔的角力

风一程、雨一程、雪一程

辑八

祖先
踉跄前行

笼中之兔

偌大的城市买不到一张兔笼
我就用一个巨大的铁笼,网住你

这铁笼是用来装猫的
猫习惯睡懒觉,在哪里都一样
而你是一只兔啊
理应在广袤的原野里
与鹰赛跑

这个啮齿类动物
化石般一动不动
甘愿接受馈赠,接受生命的退化
血红的眼睛不再有襁褓中的血性

在诸神的愤怒中
女儿在笑
而我
羞愧万分

辑八　冷风

窗前
你从西伯利亚而来
把雪花飘来
把我少年时代的爱人
送来
原来她曾经那么美丽

风笛悠悠
长发飘飘
偷一夜浮闲
对弈
在昆仑之巅

冷　眼

半夜

我站在窗前

有一双冷眼看我

这里是黑白无常的世界

不是

我们的世界

躺下

把忧伤忘掉

明早

依然要把光明点亮

辑八　冷箭

月色皎洁
我从大漠草原出发
征途是
大海星辰

这么多年
已练就一身不死之躯
放一支冷箭过来吧
把它从心口折断
然后
狠狠地抛给黑夜女神

石 人

它从上古而来,没有名字
任凭苦水冲刷
目光深邃,面带微笑

几千年来
每一个路过这里的人都要下马膜拜
毋论帝王、百姓、流寇、女神
人们祈求他的保佑,赐予他们神灵
他都一概
沉默不语

我来到这里
他竟然开口说话
诗人啊,请听一听我的忧伤

包 容

辑八

包容是尘世里的清风
是我心抚慰

允许河流裹挟泥沙
允许乌云遮蔽皓月
允许雾、允许霾、允许尘埃
允许地震、火山、旱涝、海啸
允许城市里的噪音
甚嚣尘上

这是大自然的宣泄
每一次灾害都有诱因
如同允许欺骗、嫉妒、流言、蜚语
人类啊
也有自己的弱点

俯首苍穹,俯首梵文
听心智吐诉

寻找海子

1

在山海关
我寻找一个叫海子的人
他已逝去多年
一生拥有过三种幸福
诗歌、王位、太阳

2

在大海
我寻找一个叫海子的人
他给每一条河每一座山取一个温暖的名字
他面朝大海
喂马、劈柴、周游世界

3

在春暖花开季节
我寻找一个叫海子的人

冬已去

乡村不再寒风彻骨

黑夜的女儿放声歌唱

4

请原谅

我给他冠以自由人的称呼

自由流浪、自由恋爱、自由生存

他无畏于过去和死亡

他的梦想是从春天起

春天里,十个海子全都复活

列宾眼中的托尔斯泰

晚年的托尔斯泰
如日中天

崇拜者看他
是匠
是父
是不死的神

列宾看他
是苍老
是无奈
是即将熄灭的火烛

辑八

无 题

往事如刀
风把它
狠狠地往我身上吹
大地被染成了血色

眼泪
击碎了这片秋
把漫天的枫叶扭曲成
枯枝败叶

我捡起其中的一片
上面没有余温
残冷成一季悲怨
只剩下
流年

一个悲伤的悍妇

有一个悍妇
她
嫁过十个男人
生过十个女娃
拥有十个理想

十个男人都被她赶跑
十个女娃都被她嫁走
十个理想都被她诅咒过
但从没有人见过她
流泪

她娘死的那天
她却哀嚎地像一头被宰割的猪
娘呵
从此一个人命里叫苦

辑八

疯孩子

一个发着高烧的孩子
咬牙,闭眼,说胡话
咿呀吆吆咿
嗯呐叭叭咪

他把梵文
当奶头
咀嚼来一场
春雨

天凉了
他醒了
说自己是不是睡了
整整
一个世纪

他对我说

上世纪

山路是冷的

教室是冷的

书包是冷的

爸爸妈妈给带的干粮

也是冷的

谁来抱抱我的孩子啊

是这个世界

疯了

还是

他疯了

辑八

生如游戏

日夜痴守
用一滴滴眼泪和汗水
酿造苦甘霖

培植虚拟
培植一场风花雪夜

叮当叮当
一枚枚金币
复又捡拾
复又失去

或悲或喜
都押注于一场
游戏

你好,孤独

辑八

在苍茫的夜色中
有个问题亘古不变
谁懂我

在漫无边际的尘世里
我只想独自
走一走
我甚至还想到了
裸奔
这是一个经年的梦啊
它啃噬我的身体、撕扯我的灵魂
就如同锤甲虫
啃食着老去的生命

我独坐高山
问孤独是什么
高山无语

只有凛冽的寒风
刀剐着云霄的劲松

我独坐海边
问孤独是什么
大海无语
只有苦涩的海水
冲刷着千年的石人

我独坐城市
问孤独是什么
城市无语
只有虚幻的流光
遮盖着寻找光明的眼神

七月
在温暖的北回归线附近
每天都下着滂沱大雨
我像一只蝴蝶
飞不出这绵绵的雨季
世界

终归由雷公掌控着

闪电有多长

孤独就有多长

辑八

真 相

刚刚给我春暖花开
你又送来寒风凛冽
刚刚盖上大厚棉被
你却送来一副凉席

如果有真相
那真相只有一个
欺骗

安 居

辑八

城市里
我给自己买了一座四合院
四面八方
四条狗
四个弓弩手
守着四个方向
我和我的女人在房子里
安居

可是啊
风往哪个方向吹
我们就把耳朵
朝向哪里

9 敬西风一杯烈酒

多年来

我有一个大梦

那是帝国强盛之梦

敬西风一杯烈酒

辑九

西风
从落日长河吹来
我站在风中
敬它一杯烈酒

多年来
我有一个大梦
那是帝国强盛之梦
梦有多长
复兴的欲望就有多长

出征时刻
我胯下的精灵
我熠熠闪光的铠甲
我养精蓄锐的百年魂魄
在这西风中
蠢蠢欲动

西风不笑武夫

笑的是芸芸众生

红颜不笑秀才

笑的是碌碌无为

长刀钝了
所向仍是四方疆土
旌旗碎了
梦想仍是大海星辰

敬西风一杯烈酒
今晚
必将是火烧连营、马踏鬼魂
那是侵略者
最后的
晚秋

我是一片云朵

辑九

我是
一片云朵
我骄傲啊
那是因为
我的双亲

我的母亲在彩云之南
那婀娜的孔雀舞
那神秘的东巴文字
还有那啊嘿嘿的阿注婚姻
世界上啊
哪里能找到这么温柔的母亲

我的父亲在塞北草原
那翱翔欧亚的雄鹰
那气场挺拔的蒙古文字
还有那呜呼呼的悠扬马头琴

世界上啊

哪里能找到如此轩昂的父亲

我的母亲在东海之滨

那竹简上的和平礼仪

那布衣上的莺雏弄巧

还有那咔嚓嚓的织网机具

世界上啊

哪里能找到如此勤劳的母亲

我的父亲在西部戈壁

那戍边的战马

那开荒的犁耙

还有那咚锵锵的战鼓

世界上啊

哪里能找到

如此忠诚的将士

几千年前

母亲的蕙质兰心养育家中的儿女

父亲的战刀将侵略者的尸骨

抛向戈壁沙漠

几千年后
母亲将茉莉花撒向四海神州
父亲用金钥匙打开一带一路

我是一片
云朵
我高贵啊
那是因为
我的祖国

辑九 祖国啊,如果我注定是一棵小草

祖国啊

如果我注定是一棵小草

当战争来临时

我会死心塌地地做一块平坦绿洲

让英雄的铁骑不再受颠簸

让疲劳的战士能睡得甜蜜

祖国啊

如果我注定是一棵小草

当战争来临时

我会情不自禁变成长城上的烽火

让团结的心朝这里凝聚

让侵略者看到我们的怒火和决心

祖国啊

如果我注定是一棵小草

当敌人入侵时

我会心甘情愿变成断魂草

让侵略者梦断他乡

让胜利的曙光重新浮现在长江黄河

祖国啊

如果我注定是一棵小草

当敌人入侵时

我会用尽全力拉响游击队埋下的地雷

让敌人的脸上充满恐惧

让阿妈的脸上露出欣慰的笑容

祖国啊

如果我注定是一棵小草

当和平来到时

我会用一夜去恢复我的身体

让荒漠的土地重新焕发生机

让苦难的中国重新展现迷人魅力

祖国啊

如果我注定是一棵小草

当和平来到时

我会慷慨地奉献我的青春
让草原变成心灵邀游的天地
让世界闻到年轻中国的气息

祖国啊
如果我注定是一棵小草
当祖国需要时
我也会悄悄地离去
让沉睡的土地多长出粮食
让孩子的身体变得更加结实

祖国啊
如果我注定是一棵小草
当祖国需要时
我会义无反顾地变成画卷和白纸
让我们的领袖在上面指点江山
让中华儿女在新的历史起点上谱写新的传奇

古人的夜晚

古人的夜晚
好凄冷
月光啊
不要那么皎洁
百姓啊
已经衣不蔽体
请给他们留一点最后的尊严

古人的夜晚
好仓促
号角啊
不要那么早吹
士兵啊
已经疲惫不堪
不要惊扰他们梦里与妻儿相见

古人的夜晚

好焦灼

太阳啊

不要那么早升起

母亲啊

趁着夜色将襁褓中的你我抱起

她要为华夏民族留下最后的血脉

古人的夜晚

好璀璨

星星啊

再多给祖先添一盏希望的灯

祖先啊

在五千年长河中谱写壮美的诗篇

老古人

淌着血,滴着汗,流着泪,含着笑

从血雨腥风的夜色中走来

捧一手热气腾腾的光明

交给长江与黄河边长大的

后辈儿孙

祖国啊

不是躺在长城脚下的巨龙

我们

更不是躲在长城后边的孩子

夜色中

我接过古人沉甸甸的责任

擂响下一个五千年的战鼓

辑九 我的名字叫中国

夜上海

灯火暧昧

蓝眼睛姑娘

是你在诱惑我吗

纽约,百老汇,香榭丽舍

可是

我的名字是中国

夜澜风雨

铁马冰河

我呱呱落地

就深深的打上

祖先的烙印

有的人

祖国教会他abc

就和祖国说 bye bye

有的人

帝国主义给他可怜的 benefit

他就和祖国说 bye bye

有的人

祖国给了他微小的 unfair

他就和祖国说 bye bye

可是我啊

绝不会离开

那肥沃的土地

那娇媚的少女

那如诗如画的夜澜风雨

那热血澎湃的铁马冰河

祖先啊

给了我如此低调的黄皮肤

也给了我如此骄傲的红色魂魄

夜上海

多姿多彩

辑九

210

黄皮肤姑娘
是你在召唤我吗
上海,迪士尼,西藏天路
真的
我的名字叫中国

流淌在蓝色高原上的父爱

我驻立在黄河岸边
你给予我生命的地方
想起你
父亲啊
你高贵的血液
永远在我血管里流淌
让我挺起骄傲的脊梁

我站在青山之巅
你守望我灵魂的地方
想起你
父亲啊
你坚强的手臂
始终在我的心头挥舞
鼓足我前行的勇气

我坐在矿山脚下

你挥洒热血的地方
想起你
父亲啊
你明亮的矿灯
仍然在黑暗中闪耀
为我增添人生的光明

我躺在草原深处
你毕生依恋的地方
想起你
父亲啊
你嘹亮的歌声
依旧在苍穹间回荡
赋予我容纳的力量

我见过
天之大
地之阔
水之清
草之绿
父亲啊

唯有你的爱

浑厚浓郁

辑九

我走过 213

每一条河

每一座山

每一个矿

每一片草原

父亲啊

唯有你的身躯

高大巍峨

新堂吉诃德

一个懦弱的人
往往爱做成吉思汗的梦

午夜
我风驰电掣
做个堂吉诃德的梦吧
座驾是先进的电动车

流言,流言
我冲破你的铁幕
疯狗,疯狗
我轧断你的双腿

今夜
我就是胜利的人
战场
只有我一个

我冲进贫民窟
灵魂满血复活
城市的灯光都灭了
只有我的车灯亮着
我的灯光啊
照亮孤儿回家的路

今夜
我就是守夜的人
更夫
只有我一个

我冲过阿灵顿五角大楼
向着恐怖分子的方向
fire fire
我冲过台北中正区重庆南路122号
向着钓鱼岛的方向
fight fight

今夜
我就是维护正义的人

战士

只有我一个

我冲出闹市区

荷尔蒙彻底爆仓

我对着空旷的鬼城呐喊

明天

让所有的穷人搬进来

大庇天下寒士俱欢颜

今夜

我就是比尔·盖茨

裸捐

只有我一个

对面过来一支挑战的部队

一高两矮

什么鬼啊

一上来就

抱头,抱脚,掐人中

我啊

再一次成为家人的俘虏

辑九

今夜
我是个狂躁的病人
爱国爱到痴狂的
我算一个

隔离墙

一段隔离墙
左边巴勒斯坦
右边以色列
隔开的是疆域
隔不开的是仇恨

一段心墙
左边是你
右边是我
隔开的是距离
隔不开的是误解

推开这堵墙
国与国，人与人
我们面前全是
阳光

嬗变:致洪荒少女

北冥有鲲

鲲之大

不知其几千里也

嬗变

无须其他

只要有一个自由的灵魂

和一双辨别水天世界的眼睛

其实

从混沌蒙昧的太古时代

就有了魑魅魍魉

他们

掐着我的脖梗

压抑着我的血管

太久太久

我喘着粗气

每一片鳞叶都哗哗作响

绝不认输

鲲

终于使出了洪荒之力

纵然是翻出了白眼

也要冲上

九霄云天

一跃成为

鹏

九天有鹏

鹏之背

不知其几千里也

复 活

辑九

午后的大太阳

广岛上空的原子弹

烤着我的毛发刺刺燃烧

我只想

躲在小树林

向大地再借

一方宁静

每天啊

我都走过这片小树林

十年

就这么走过

猛然间

路边已绿树成荫

每天啊

我的头发在渐渐稀疏

辑九

十年
就这么走过
猛然间
青春她一去不回头

小青蛙
忧伤或欢乐
你都可以躲在小树林里
尽情地唱歌
而我呢
埋葬在幽深的网线沟
再也找不回
那青涩的电话粥

十年的光阴匆匆走过
我们都变成
功利的人
也变成
孤独的人

无情的岁月

臃肿了我们的身体

也消瘦了

我们的灵魂

我仅有的缚鸡之力啊

却始终拉不响

青春的地雷

午后的大太阳

广岛上的原子弹

烤着我的肝胆毫无斗志

我只想

冲出小树林

向天再借

一腔热血

10 大风呵大风

如果我的根不是在鄂尔多斯
也许就被它吹得无影无踪

大风呵大风
——兼贺老凯《大风》获奖

草原四十年
我感受过十几级大风
也感受过零下三十多度的凛冽寒风
而没有一场风让我受伤,让我退缩,让我魂飞魄散
相反呵,作为一个草原男儿
我依然伫立在风中,对酒当歌,万丈豪情

今天我领教了老凯所创造出来的这股风
它如此猛烈,以至于我忽略了自己的性别
三场大风呵,打着漩涡从我的身上扑来
仿佛要把我的灵魂掏走、骨头吹散、肠子掏空

禁牧风,征地风,放贷风
每一场风都惊心动魄,每一场风都荡气回肠
爷爷、我、灵儿
一个个典型的直性子,善良、公道、热情、倔强、奋争
他们代表了高原人的形象,一代代地传承

大风是一场场真善美与假丑恶的较量

淳朴、善良、抗争、麻木、自私、狡黠

人性在这里赤裸裸地展现,每一个词汇代表一段故事

大风席卷着这些词汇刮过以后,留给我的全是沉思

我要赞美蓝色高原十年间翻天覆地的变化

我要痛斥那些给他戴上鬼城枷锁的人的居心

但大风也让我们遍体鳞伤

古老的信仰一次次遭受重创

在阵痛中忏悔,在忏悔中踉跄,迎接下一次重生

这是一场超级飓风

也是一场心灵飓风

如果我的根不是在鄂尔多斯

也许就被它吹得无影无踪

请你从我的梦中走来

辑十

多少次梦中与你相聚
我轻轻地问自己
春天施舍我一场小雨
我迷失在
你的雨季

多少次泪中与你相遇
我轻轻地问自己
白天交给我一个黑夜
我迷失在
你的双眼

多少次街头看到了你
我轻轻地问自己
尘世留给我一个幻象
我迷失在
你的背影

啊！夕阳
夕阳它向我走来
我感到莫名的无助
思念的人
是否你也和我一样孤独
如果这世间黄沙漫漫
请你回到我的高山

啊！黄昏
黄昏它向我走来
我感到无限的忧伤
思念的人啊
是否你梦里也与我相遇
如果这大海风高浪急
请你回到我的小溪

如果时光可以倒流

辑十

如果可以
让时光倒流几十年
在人生最美好的季节里
我遇见过你
你丢我丢了几十年
我想你想了几十年

想你了
写信给你
我找遍大街小巷
却找不到一个绿色的邮筒

想你了
我去车站等你
我等到黄昏日落
却找不到那个绿色的车皮

我愿缩短生命

把后几十年挪给前几十年

就是为了

找回那青涩的记忆

我愿延长生命

把前几十年丢给后几十年

就是为了

留住那美好的回忆

时光啊

再慢一些

让我吻吻你青春的笑脸

岁月啊

再慢一些

让我找回青青的校园

生命中的最后一击

辑十

十三世纪七十年代

在日本海峡

元军的最后一击

没有消灭东洋民族

却也点燃日后复仇的火种

每一个日本人都在思考

大和民族的出路在哪里

二十世纪八十年代

在山海关

火车的最后一对车轮

将诗人海子的身体截为两段

留下了天才最后的绝唱

每一个衣衫褴褛的诗人都在思考

阳光和浪漫在哪里

21世纪初

在广袤中国

改革的最后一炮

消灭了人民物质上的匮乏

却也滋长了不可名状的精神抑郁

每一个脑满肠肥的人都在思考

精神家园在哪里

每个夜晚

当华丽散去

我们都怀揣恐惧

每一个刚强的人

都是夜晚躲在被窝里哭泣的孩童

走不出啊,那平淡的锅台

放不下啊,那浮躁的名誉

守不住啊,那日渐凋零的青春年华

我们不学那失掉魂魄的海子

我们学那穷得只剩兜裆布的东洋人

岁月啊

你磨白了我们的头顶

却磨不掉我们的斗志

挣脱出来吧

每一个

孤独的灵魂

苦难给了我们石墙

也给了我们自由呼吸的窗口

活彻底,重新过

哪怕是再弱的小虫

也会留下蠕动的脚印

千年后的科考

一千年前
我深爱的黑土地
到处是青草和锄头
到处是庄稼的笑

庄稼变成绿色的粮食和肉
进入祖先的血液
祖先啊
在江山的征战中铿锵有力

今天
还是这片黑土地
到处是杀虫剂
到处是肥胖的玉米在笑

玉米变成抗生素和牛肉
进入我的血液

我啊

在守江山中变得憔悴无力

我不知道

我的后代儿女

还会不会有

绿色的粮食和健康的体魄

但我知道

无知和贪婪

将会付出血的代价

或许

一千年后

走来一支科考队

他们将祖先的尸骨挖出

敲着我的骨头说

看看吧

农药把我们的前辈戕害得多么严重

11 点 赞

今天
我们给同一个人点赞
相遇真好

点 赞

你在江南水乡
我在塞北草原
今天
我们给同一个人点赞
相遇真好

那是个好人
他是我多年的兄弟
你的好哥们儿

我仰望苍穹
世界真小

我和找

"我"字丢了一个撇
不知道丢在哪里
人们疯狂地把它寻找
生怕"我"残缺

被找的"我"说：
找什么呢
自己丢掉的
怎么好意思让别人替你找回

被找的"我"还说：
丢就丢了呗
人生少一个"我"
多一个"找"
不也挺好

菩提树下等你

我如约来到菩提树下

这一次

也是最后一次

我要脱下了我的花衣裳

把花心、坏、放荡等等

一切有罪的东西

统统抛弃

一百年前

我错过了修行

也错过了你

我如约来到菩提树下

这一次

也是最后一次

我要把嫉妒、狡黠、欺骗等等

一切有罪的东西

统统放下

一百年后
我错过了年轮
再也不要错过你

我想好了
你真来了
我们就一起先去
沐浴吧

如果
回忆可以被洗掉
就洗掉回忆

如果
负罪可以洗掉
就洗掉负罪

如果
羞涩可以洗掉
就洗掉羞涩

听说情种是可以复活的
我们就合体
让青衫布衣化成千年树精
那棵菩提树啊
从此是真诚的,纯洁的,神圣的

我们爱过的一个个孩子
越侵蚀
越风化
越打磨
浑身都透着
我的坚韧
你的灵气
还有我们的忠贞

亲爱的,我们去旅行

亲爱的
旅行
不就是一只脚往前走
然后另一只脚跟上吗

请先把我放下吧
我生活的全部
一半是你
一半是孩子

把金钱放下吧
我俩的储蓄
一半是药片
一半就是纸片

把牵挂放下吧
我们的孩子

一半属于你我
一半是他自己

把事业放下吧
我们的辉煌
一半是自己的打拼
一半是朋友的赠予

把清高放下吧
我们的知识
一半是从娘肚子里知道的
一半是出来后听人说的

把时光也放下吧
我们的青春
一半在地上头
一半已经在地底下

亲爱的
旅行
不就是一颗心已经怦然而动
然后另一颗心跟上吗

失独家庭的母亲节
——写给魏泽西的母亲

母亲节
乌鸦反哺日
母亲节
失独母亲的受难日

孩子的小屋
依然被你打扫得那么温馨
孩子的照片
依然被你擦拭得那么干净
孩子的微信微博
依然被你不断地更新

你
还在等待
而那个绝望的父亲
早已成为沦落荒野的酒鬼

一百多万个失独家庭

一千万年的日日夜夜

人世间

你在魂牵梦绕

天堂里

他在牵肠挂肚

但愿真有鹊桥

别让白发的母亲思念和煎熬

母亲节

洗脚日

母亲节

关爱失独母亲的常态日

辑十一

253

爱上井底蛙

爱上井底蛙
无知时
它就跳上来
对着大地
学话
啥呀啥呀,呱呱呱呱
哈哈哈哈,懂啦懂啦

爱上井底蛙
贫穷时
它就跳上来
对着泥巴块
翻挖
寻呀觅呀,呱呱呱呱
哈哈哈哈,胡啦胡啦

爱上井底蛙

憋闷时

它就跳上来

对着夜空

唱歌

苦啊苦啊,呱呱呱呱

哈哈哈哈,管他管他

爱上井底蛙

笃学,拼搏,豁达

辑十一

255

野子

野花

孤芳自赏地

开在五千三百八十二米深的峡谷里

暴露的花骨朵

色诱男人的欲望

岩石封盖不住

泥沙淹没不了

只等痴狂的人采摘

野果

曲高和寡地

挂在八千八百四十八米高的悬崖上

妩媚的露珠上

映射出攀岩者的懦弱

骄阳融化不了

风雨摧残不了

只等流浪的人品尝

野马

桀骜不恭地

驰骋在九百六十万平方公里的草原上

犀利的眼神里

流露出对牧人的不屑

闪电恐吓不了

风暴阻挡不了

只等勇敢的骑手驯服

每个人

都有个狂野的梦啊

我们裸露着躯体

去峡谷

去悬崖

去草原

哪怕就一秒

灵魂在电闪雷鸣中得到宣泄

兄弟啊

我们一起做野人

趁着夜色启程

去采花

去摘果

去驯马

今晚

那个

赤着大脚

草绳遮羞

肩扛标枪的人

是你吗

找不回来的红袖

一张
落尘的摇椅
静静地躺在
地下车库
就像
西去的老人
静静地躺在地底下

一只
掉毛的小狗
忧伤地走在
车海人流
就像
塑料袋
丢了魂地飘在垃圾堆

一副

缺了腿的花镜
恐惧地钻在
儿童的玩具箱
就像
过气的明星
再也找不回辉煌的舞台

摇椅
小狗
花镜
还有两个白发红颜的老人
夕阳西下后
世界上最令人沉醉的一道风景

今夜
微风吹起来了
上弦月挂起来了
可是啊
红袖再也找不回
读书的人儿也不在

只有

小小孙子的哭闹

撕裂着寂静的夜空

也撕裂着

每一位繁忙人儿的心

12 古诗的魅力

我是古诗的迷恋者

时常会

在古诗的世界里迷失自己

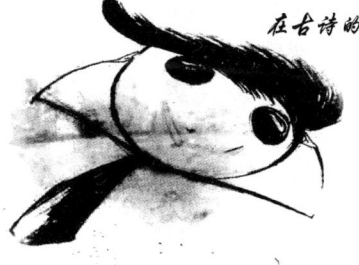

闭上眼睛，即是过去

又七夕

千古帝梦一场空,
星汉岁月几峥嵘。
自古离愁与别恨,
年年困于此宵中。

致长春游子

君说归期未有期,
白山黑水涨春池。
何日痛饮玉泉水,
共话青城夜雨时。

首都逢子义兄弟

十里金融街,
才华非等闲。
立下鸿鹄志,
创业正当年。

致伊人

伊人卷珠帘，
愁眉锁春闺。
但见春易老，
不见梦相随。

寻伊人

十年一梦笑红尘,
乌衣巷口寻伊人。
莺歌燕舞出府弟,
小栈归来泪蒙蒙。

致玉帝

春宵美酒醉红尘,
九天仙女戏天蓬。
他年我若为玉帝,
只教元帅做女人。

致杭州游子(一)

十年黄花地,
枯草掩柴扉。
暮年忽已至,
问君归不归。

致杭州游子(二)

千年帝业梦,
越王故里寻。
日暮卸金甲,
人生几从容。

秋夜感怀

飒飒秋风夜雨来,
塞外故里几徘徊。
梦里十年犹未遇,
高台古酒荡尘埃。

中秋·老牛湾

月上酒正酣，
人约老牛湾。
唯有真情在，
把酒问广寒。

汨罗江怀古

大夫悲情沉汨罗,
香草美人唱悲歌。
但有一腔热血在,
天下无人笑荆轲。

狼烟散尽天下和,
秦王挥戈向北坡。
秀才不懂青帝志,
不叫匈奴渡黄河。

一隅浪漫随花落,
自此节日多悲歌。
吾辈宜承先祖志,
不让岁月空蹉跎。

千年大志寄燕窝,
黄鹤楼上雨婆娑。

泪里还寻帝国梦，
归去来兮唱九歌。

后 记

要说写诗纯粹是一种爱好,一点目的都没有,那是假话。我心底有一个想法,就是想通过写作来鼓励和鞭策自己,给自己种下诗歌的种子。同时,诗歌是一种顶端的艺术,小众的享受,如果能把诗歌写好,将对散文和小说的创作有非常深远的影响,有了诗意,散文和小说就会有丰富的想象力、感染力、创作力和生命力。因此,我也想借用诗歌的影响把自己的小说和散文写好。有句话说得好:"只要向日葵坚持仰望,迟早会找到属于自己的那一抹暖阳!"

感谢关心我的各位领导、同学、朋友,是他们在网络和微信上的一次次点击给了我创作下去的勇气。感谢我的家人,把宝贵的时间留给我,让我静静地实现我的文学梦。感谢我的妹妹靳彦女士——天津工业大学的一名动漫教师,无偿地为我创作了十几幅作品,这些原创画凝聚了她的心血和期待!

感谢远方出版社。人们都在追求诗和远方,这是一种理想状态,我也概莫能外。我想,既然现在有了诗,那么就差远方了,所以我就特意选择了和远方出版社合作,是远方出版社圆了我的诗歌梦、人生梦!

最后要感谢中国作家协会的邓九刚先生和张凯先生,他们是我们内蒙古走出去的大作家,是草原的骄傲,是我抬头仰望的对象。他们能在百忙之中抽出时间和我谈心、鼓励和鞭策我沉下心来写下去,这无疑对我是一种莫大的支持,谢谢!

感谢的人很多,不到位的地方也很多。生活中我其实是个很不会说话的人,直爽得近于粗鲁,所以我尽量谨言慎行,多用文字来和大家真诚地沟通,愿我们一直以文学的名义聚集。

薛利强

2016年9月9日

图书在版编目(CIP)数据

我的青春 我的梦/薛利强著.--呼和浩特:远方出版社,2016.11
 ISBN 978-7-5555-0809-0

Ⅰ.①我… Ⅱ.①薛… Ⅲ.①诗集-中国-当代 Ⅳ.①I227

中国版本图书馆 CIP 数据核字(2016)第 296437 号

我的青春 我的梦

作　　者	薛利强
责任编辑	云高娃　王福
出版发行	远方出版社
装帧设计	靳彦
社　　址	呼和浩特市乌兰察布东路 666 号　邮编 010010
电　　话	(0471)2236471 总编室　2236460 发行部
经　　销	新华书店
印　　刷	呼和浩特市德云文化有限公司
开　　本	787mm×1092mm　1/32
字　　数	200 千
印　　张	7
版　　次	2016 年 11 月第 1 版
印　　次	2016 年 11 月第 1 次印刷
标准书号	ISBN 978-7-5555-0809-0
定　　价	39.00 元

如发现印装质量问题,请与出版社联系调换。